W9-AUU-182

3 1489 00680 1078

Mi biblioteca de ciencias

Detente y sigue, rápido y lento:

Mover objetos de diferente manera

Buffy Silverman

Editora científica:
Kristi Lew

Rourke
Educational Media

rourkeeducationalmedia.com

FREEPORT MEMORIAL LIBRARY

Teacher Notes available at
rem4teachers.com

Editora científica: Kristi Lew
Antigua maestra de escuela secundaria con una formación en bioquímica y más de 10 años de experiencia en laboratorios de citogenética, Kristi Lew se especializa en hacer que la información científica compleja resulte divertida e interesante, tanto para los científicos como para los no científicos. Es autora de más de 20 libros de ciencia para niños y maestros.

© 2012 Rourke Publishing LLC

All rights reserved. No part of this book may be reproduced or utilized in any form or by any means, electronic or mechanical including photocopying, recording, or by any information storage and retrieval system without permission in writing from the publisher.

www.rourkepublishing.com

Photo credits: Cover © 3dart, Cover logo frog © Eric Pohl, test tube © Sergey Lazarev; Page 3 © Zurijeta; Page 5 © Andrew Lundquist; Page 7 © Jane September; Page 9 © Jane September; Page 11 © nikkytok; Page 13 © Blue Door Publishing; Page 15 © Blue Door Publishing; Page 17 © Furchin
Page 19 © Nick Stubbs; Page 20 © James Blinn; Page 22 © Andrew Lundquist, Jane September, Blue Door Publishing
Page 23 © Furchin, nikkytok, Blue Door Publishing

Editora; Kelli Hicks

Cubierta y diseño de página de Nicola Stratford, bdpublishing.com
Traducido por Yanitzia Canetti
Edición y producción de la versión en español de Cambridge BrickHouse, Inc.

Library of Congress Cataloging-in-Publication Data

Silverman, Buffy.
Detente y sigue, rápido y lento: Mover objetos de diferente manera / Buffy Silverman.
    p. cm. -- (Mi biblioteca de ciencias)
ISBN 978-1-61741-727-6 (Hard cover)
ISBN 978-1-61741-929-4 (Soft cover)
ISBN 978-1-61236-904-4 (Soft cover - Spanish)
1. Force and energy--Juvenile literature. I. Title.
QC73.4.S545 2012
531'.113--dc22
                          2011938849

Printed in China, FOFO I - Production Company
    Shenzhen, Guangdong Province

rourkeeducationalmedia.com

customerservice@rourkeeducationalmedia.com • PO Box 643328 Vero Beach, Florida 32964

Si **empujas** o **jalas** algo, se mueve. Empuja el carrito. El carrito va rápido.

Jala o tira de un vagón.
El vagón rueda hasta
el parque.

Empuja con fuerza el columpio. Tu energía hace que el columpio se eleve.

Empújalo suavemente.
Tu energía hace que se
quede más bajo.

Empuja una pelota hacia los bolos. Se aleja rodando en línea **recta**.

Suelta las canicas.
Caen en **zigzag**.

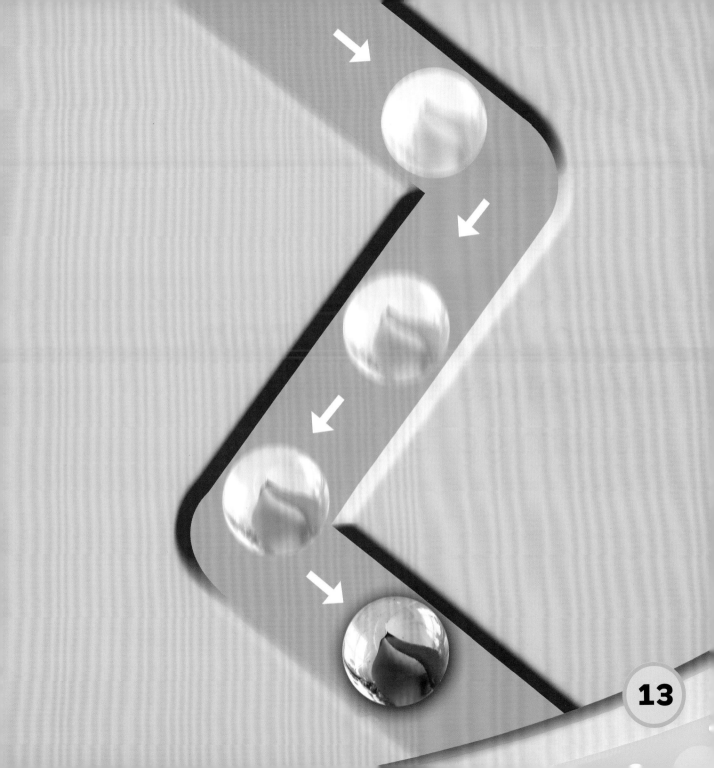

13

Empuja un **balancín**.
Mientras tú subes,
tu amiga baja.

Empuja un tiovivo.
Da vueltas y vueltas.
Gira rápidamente.

Ahora el tiovivo
va despacio.
Luego se detiene.

¿Qué más puedes mover?

1. Menciona dos maneras de mover algo.

2. Cuando una parte del balancín va hacia arriba. ¿Qué pasa con la otra parte?

3. ¿Cómo se mueve el tiovivo?

Glosario ilustrado

balancín:
Un balancín es una tabla larga que sube y baja. Una persona se sienta en cada extremo de la tabla.

empujar:
Empujar algo es hacer que se mueva lejos de ti, ejerciendo una presión contra ese objeto.

girar:
Girar es la acción de dar vueltas y vueltas rápidamente.

jalar o **tirar de**:
Jalar o tirar de algo es hacer que se mueva hacia ti.

recta:
Es algo que se mueve derecho en una dirección, sin girar.

zigzag:
Es un movimiento de giros cortos y precisos, en forma de zeta (z).

Índice

Sitios en la Internet

http://www.bbc.co.uk/schools/scienceclips/ages/5_6/
  pushes_pulls_fs.shtml

http://www.bbc.co.uk/schools/ks2bitesize/science/
  physical_processes/forces_action/play.shtml

http://pbskids.org/curiousgeorge/games/pogo_gogo/
  pogo_gogo.html

Acerca de la autora

Buffy Silverman mira hacia arriba, hacia abajo y a su alrededor en busca de animales y flores silvestres. Ella escribe acerca de las ciencias y la naturaleza desde su hogar en Michigan.